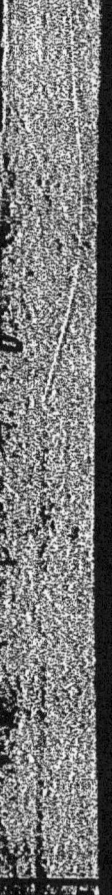
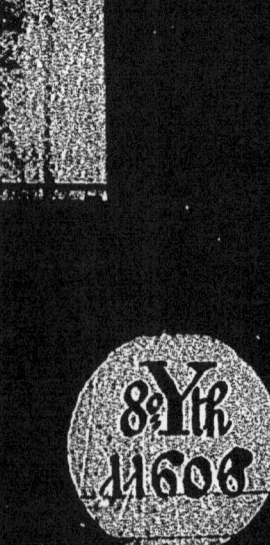

LE MENUISIE DE BAGDAD,

COMÉDIE EN UN ACTE,

MÊLÉE DE VAUDEVILLES,

Représentée à Paris, pour la première fois, le Mardi 22 Décembre 1789.

Prix, 1 liv. 4 sols.

A PARIS,

De l'Imprimerie de CAILLEAU, rue Galande, No. 64.

Et se vend,

Au Spectacle des Petits Comédiens de S. A. S. Mgr. le Comte DE BEAUJOLOIS.

———

1790.

PERSONNAGES.	ACTEURS.
FATMÉ, Femme du Serrail de Mohamed.	Mlle. Conflance Latour.
PLUSIEUS FEMMES DU SERRAIL DE MOHAMED.	
NOURÉDIN, Maître-d'hôtel du Serrail de Mohamed.	M. Chéraut.
MIRZA, Gardienne des Femmes de Mohamed.	Mlle. Pichard.
HALI, Menuifier de Bagdad.	M. Latour.
GUZULBEK, Femme d'Hali.	Mlle. Brion.
Un COMMISSIONNAIRE Attaché à Mohamed.	M. Defter.

LE MENUISIER DE BAGDAD,
COMÉDIE.

Le Théâtre représente l'intérieur du Serrail de Mohamed.

SCÈNE PREMIERE.

NOURÉDIN, MIRZA, *entrant par le fond de la gauche.*

MIRZA, *parlant en entrant.*

T'AI JE bien entendu, Nourédin?

NOURÉDIN.

Oui, Mirza : le Calife, notre Souverain, est aujourd'hui un père, aux yeux de qui tous ses enfans sont égaux.

MIRZA.

Il a bien raison.

Air : *Ici je fonde une Abbaye.*

De celui qui mangea la pomme
Tout descend, Esclave & Bacha ;
S'il revenoit, le premier homme,
Nous dirions tous : bonjour papa !

NOURÉDIN.

Le Calife est si convaincu de cette vérité, qu'il n'a nullement épargné le Bacha Mohamed, notre maître.

MIRZA.

Tant mieux ! comment ! ce Menuisier qui a fait ici de si jolis meubles, & qui, pour son salaire, ne demande qu'un gain de quarante sols par jour, Mohamed trouve sa demande exhorbitante, & l'assomme de coups de bâton !

NOURÉDIN.

C'étoit, tu le sais, la coutume chez quelques Bachas : mais dorénavant :

Air : *J'avois toujours gardé mon cœur.*

Ceux qui donneroient en paiement
De pareilles espèces,
On leur rendroit fidèlement
La monnoie de leurs pièces.

MIRZA.

Le Menuisier n'a rien rendu, lui : mais le jugement du Calife le venge bien.

COMÉDIE.

NOURÉDIN.

Oui, ce jugement le fait Bacha, & le rend maître de ces lieux : nous avons tous ordre de lui obéir : on est à le revêtir des habits qui conviennent à sa nouvelle grandeur : sa femme est aussi à sa toilette.

MIRZA.

Et Mohamed, lui, est condamné à vivre dans le pauvre manoir du Menuisier...

NOURÉDIN.

Avec ces quarante sols par jour, qu'il trouvoit si excessifs. Pour pourvoir à ses besoins, il a un Commissionnaire, à qui l'on fait vingt sols par jour, à part des quarante qui composent la fortune du maître.

MIRZA.

Comme je vais réjouir toutes les femmes de notre serrail ! sûrement ce bon artisan va leur donner la liberté.

NOURÉDIN.

Sans contredit : les petites gens n'ont pas le même appétit que le grand monde.

Air : *Des fraises.*

Le riche sans cesse va
    De la blonde à la brune :
Il en faut cent au Bacha :
Mais souvent le pauvre en a
    Trop d'une.   *ter.*

MIRZA.

Monsieur badine... (*S'en allant par le fond de*

la droite.) Je vais vîte porter cette bonne nouvelle aux jeunes beautés dont Mohamed étoit le tyran.

SCENE II.

NOURÉDIN, *seul.*

ET nous, attendons ici notre nouveau Seigneur, pour prendre ses ordres en qualité de son Maître d'hôtel... Justement le voici.

SCENE III.

NOURÉDIN, HALI, entrant par le fond.

HALI, *parlant en entrant, & d'abord sans voir Nourédin.*

ME v'là donc sous les caparaçons de la richesse & de la grandeur : le diable m'emporte, si je m'attendois à jamais les porter.... faut avouer que j'ai reçu là des coups de canne ben propices. Je suis eune preuve que le tour du bâton enrichit l'-z-hommes... Me v'là donc le maître ici... Tout le monde m'y salue ventre à terre... (*appercevant Nourédin qui le salue profondément.*) Témoin celui-ci.

NOURÉDIN.

Jasmin des Indes...

COMÉDIE.

HALI.

Hein ?...

NOURÉDIN.

Rose de l'Orient...

HALI.

Plait-il ?

NOURÉDIN.

Renoncule de l'Asie...

HALI, à part.

Diable ! v'là-z-eune éloquence ben fleurie !
(haut.) Qu'est'que c'est que toutes ces fleurs-là,
Monsieur ?

NOURÉDIN.

Délicieuse Tulipe, la coutume de l'Orient veut
que vos humbles esclaves vous appellent des
noms les plus agréables qu'ils peuvent inventer.

HALI.

Vous n'en trouverez jamais qui me plaise autant
que celui qu'il est de mon devoir de porter.

Air : *Avec une flèche.*

Le mari d'ma mère
Étoit le vertueux Hali :
C'étoit ben mon père :
J'dois m'nommer comm'lui.
C'n'est pas comme en France,
Où, dit-on, queuqu's fois l'fils d'un grand
D'vroit, en conscience,
S'appeller Saint-Jean.

Moi, vous pouvez à coup sûr m'appeller Hali.

NOURÉDIN.

En ce cas, Seigneur Hali, je suis votre Maître

LE MENUISIER DE BAGDAD,

d'hôtel, qui viens prendre vos ordres pour le dîner.

HALI.

Ah ! bon... Et bien, mon ami, le pot-au-feu, rien de meilleur que ça.

NOURÉDIN.

Oh ! rien de meilleur : ce n'e st rien, ça : ça n'entre même pas dans le corps du dîner : ça n'en est que comme qui diroit la préface.

HALI.

Je ne vous entends pas.

NOURÉDIN.

Un dîner est composé de plusieurs services, dans lesquels un Maître-d'hôtel s'évertue à satisfaire le goût & les yeux.

HALI.

Les yeux ?

NOURÉDIN.

Oui, Seigneur. Les arts, vous le savez, se tiennent tous par la main. Celui qui a le plus de rapport avec le nôtre, c'est la danse.

HALI.

La danse ?

NOURÉDIN.

Oui : vous est-il arrivé d'aller à l'Opéra de Bagdad ?

HALI.

Oui, un jour qu'on jouoit gratis.

NOURÉDIN.

Vous vous rappellez les ballets.

HALI.

Magnifiques.

NOURÉDIN.

Et bien, un service de table c'est tout de même : pareil dessin.

COMÉDIE.
HALI.
Je ne m'en serois pas douté.
NOURÉDIN.
Le service du rôt, par exemple.

Air : Vaudeville de Rose & Colas.

Sur les côtés sont mes figurans :
Ce sont cailles, perdrix, bécasses :
Mon pas de deux, ce sont deux faisans :
C'est aux deux bouts qu'ils trouvent leurs places.
Deux poulets, une oie, un chapon,
Font un pas de quatre agréable ;
Et dans le milieu de la table ;
Mon pas seul est un dindon.

HALI.
J'aurai à dîner toutes ces choses-là !
NOURÉDIN.
Oui, Seigneur.
HALI.
Les riches mangent tant que ça !
NOURÉDIN.
Oui, Seigneur.
HALI.

Air : Que ne suis-je la fougere.

Comment peut-on sur sa table
Voir prodiguer tant de mets,
Sans songer au misérable
Que l'besoin n'quitte jamais.
J'veux ben, au sein d'l'abondance
Cueillir la ros' du bonheur :

Mais toujours fur l'indigence
J'veux éparpiller la fleur.

Monsieur le pêcheur en eau trouble, je consens à ce que vous apprêtiez vot' déluge de fricasse : mais je connois dans l'quarquier ben des gens qu'ont besoin, &...

SCENE IV.

NOURÉDIN, GUZULBEK, HALI.

GUZULBEK, *entrant par le fond, & parlant en entrant.*

Vot' servante, mon heume.... (*à Nourédin.*) & la compagnie.

HALI.

Bonjour, femme !

GUZULBEK, *toisant Hali.*

Et ben ! mais ça te va comme de cire :.... on diroit que t'as été Bacha toute ta vie.

HALI.

Vrai ?

GUZULBEK.

Foi de Femme !... (*se carrant.*) & moi j'ai-t-y l'air d'une Bassechate ?

HALI.

Comme un charme.

NOURÉDIN.

Les Houris du grand Prophète ne vous verroient pas sans jalousie.

COMÉDIE.

GUZULBEK.

D'honneur?

NOURÉDIN.

Leurs appas baisseroient pavillon devant les vôtres.

GUZULBEK.

Monsieur est connoisseur, je vois ça.

HALI.

C'est notre Maître-d'hôtel.

GUZULBEK.

Ah!... *(allant à Nourédin, & lui faisant une révérence.)* Monsieur voudra ben nous faire l'honneur de nous ben régaler.

HALI.

Ah, ma chère Guzulbek! n'aies pas de crainte que nous mangions tout: il vient de me défiler le chapelet de not' dîner : ça fait peur.

GUZULBEK.

Bah, peur! Je m'accoutumerai ben vîte à tout ça, moi; car quiens, je ne sais pas, je me sis toujours senti des dispositions à devenir qué'que chose : j'ai toujours-t-entendu-z-au-dedans de moi un je ne sais qu'est-ce qui me disoit: Guzulbek, t'es femme de Menuisier : c'est pas là ton posse: t'es faite pour un cran pus haut que ça. Aussi, comme je primois de dessus toutes les voisines du quarquier! quand ce n'auroit-z-été que ma magniere de parler, on croycit que j'avois-t-été-z-au Collége... Mais par la vertu du grand Prophète, me voici-z-à ma place, & laisse faire, à la Cour....

LE MENUISIER DE BAGDAD,

Air : *Quoi, ma voisine, es-tu fâchée.*

J'aurai si ben l'air d'eun' princesse,
Qu'chacun dira :
Mais jamais on n'vit tant d'noblesse,
Qu'dans ste femm'-là.
Oui, je veux te couvrir de gloire;
Et crois qu'bentôt
J'aurai-z-effacé la mémoire
De ton rabot.

Je voudrois y aller de bonne heure, à la Cour du Calife... (*à Nourédin.*) Le dîner sera-t-y bentôt prêt?

NOURÉDIN.
Oui, Reine des Comètes : d'ailleurs je vais faire hâter vos trente-six Cuisiniers.

GUZULBEK, *à part à Hali.*
Oh! trente-six!... (*haut à Nourédin.*) Faut que ça soit cuit pourtant.

NOURÉDIN, *s'en allant par le fond de la gauche.*
Ne craignez rien, Cousine de Saturne.

SCENE V.
GUZULBEK, HALI.

GUZULBEK.

Et ben l'homme?

COMÉDIE.

HALI.

Et ben, femme?

GUZULBEK.

V'là not' barque à bon port.

HALI.

Et Mohamed, lui, vient de faire naufrage.

GUZULBEK.

Personne ne le plaint.

HALI.

Pourquoi qu'il n'a pas su se faire aimer? c'est si aisé aux grands!

GUZULBEK.

C'est vrai.

HALI.

Profitons de la leçon, nous.

GUZULBEK.

Oh! gnya pas de danger que je devenions jamais durs & insensibles. Si y a des riches qu'ont des cœurs de pierre-à-fusil, c'est qu'ils ont le malheur d'avoir toujours été heureux. C'est pas comme un de nos Souverains, dont on se souvient toujours avec tant de plaisir.

Air : *De Joconde.*

Tretins tretons, j'savons assez
  Qu'il connut la disette;
Qu'il eut souvent les coud's percés
  Ni pus ni moins qu'un Poëte.
S'il vouloit tant qu'les paysans
  L'Dimanch' fissiont bombance,
C'est qu'il avoit dans ses jeun's ans
  Chez eux fait abstinence.

HALI.

Sans doute ; & c'est pour ça qu'auprès de lui les malheureux étoient aussi ben venus que les belles; car, s'il aimoit les uns, il aimoit diablement les autres.

GUZULBEK.

Que veux-tu, mon chou ? grands & petits, tout est de not' appanage : je régnons su' le masculin généralement quelconque. Moi, par exemple, je t'ai donné dans l'œil, à toi, Menuisier : & ben, je ne serois point-z-étonnée de faire le même effet sur le Calife.

HALI.

Ah! mais je dis...

GUZULBEK.

Pardine! queu conte! c'est seulement pour te dire... mais toi, j'espère...

HALI.

Je t'en donne ma parole... matrimoniale.

SCENE VI.

GUZULBEK, HALI, MIRZA.

MIRZA, *rentrant par le fond de la droite.*

Air : *Brillantes fleurs.*

Puissant Bacha,
Vous voyez, Mirza,
La gardienne de vos femmes ;
Sublime Hali,

COMÉDIE.

Vous allez ici
Voir venir toutes ces dames.
De vos bosquets
Les roses ont moins d'attraits :
Le Paradis
A de moins belles Houris.
Puissant Bacha,
Tous ces objets-là
Vont vous faire don de leurs
Cœurs.

GUZULBEK, *à part.*
Qu'est' que c'est que ce trouble-ménage-là ?
HALI.
Qu'entendez-vous par mes femmes ?
MIRZA.
Je parle de ces jeunes beautés renfermées dans votre Serrail. Vous voici Bacha, Seigneur : jouissez de tous les plaisirs que goûtent tous vos pareils.
GUZULBEK.
Dites donc, Mam-zelle ? vous faites là un drôle de méquier.
MIRZA.
C'est celui que font ailleurs les Eunuques noirs. Mais Mohamed avoit confiance en moi : j'espere obtenir celle de Monseigneur Hali...
GUZULBEK.
Vous n'obtiendrez jamais la mienne : apprenez que je suis Guzulbek, (*montrant Hali du doigt.*) sa femme.
MIRZA.
Tant mieux, Madame, abondance de bien ne

nuit pas. Venez, aimable Guzulbek, venez dans le Serrail : j'ai tout prêt, pour vous y recevoir, un appartement délicieux : & quand votre tour viendra, quand sa Grandeur daignera se ressouvenir de vous, je vous apporterai le mouchoir; & je vous ramènerai vers votre bien-aimé.

GUZULBEK.

Air : *Où allez-vous, M. l'Abbé.*

Je sens s'allumer mon courroux,

MIRZA.

Au Serrail il faut être doux ;
Car sans cela, ma chere...,

GUZULBEK.

Et bien ?

MIRZA.

Moi, je serois sévère :
Vous m'entendez-bien.

GUZULBEK.
Oubliez-vous-t-y que je suis la daronne d'ici ?
MIRZA, *à Hali.*
C'est donc Madame qui aujourd'hui a le mouchoir ?
HALI.
Et qui l'aura tous les jours, elle seule.
MIRZA.
Mais, Seigneur, le grand Prophète a dit que
les

les grands, les riches, fur-tout les Bachas, auroient à fon exemple plufieurs femmes, &...
GUZULBEK.
Mais queule obftination à fourer le doigt entre not' arbre & not' écoffe... On connoît fon Alcoran tout auffi ben que vous, Mam-zelle : mais mon mari eft comme ça, lui : gnyen faut qu'une.... Mahomet a dit!... pardine ! il parloit à fon aife, le Prophéte, qu'avoit reçu du Ciel tous les dens poffibes.

Air : *Des fraifes.*

On fait ben qu'il a dit ça :
Mais il n'y oblig' perfonne :
Pour y forcer les Bacha,
Faudroit qu'il les m'fur' tous à
    Son aune. *ter.*

HALI.
Quand même il m'y mefureroit, j'aime Guzulbek : elle me tient lieu de tout.
GUZULBEK.
Oui, Mam'-zelle, à moi toute feule, je fuis un ferrail pour lui.
MIRZA.
Ah ! c'eft affez vous éprouver. Seigneur, Madame, quel bonheur pour ces beautés captives qui vont paroître devant vous. L'amour que vous avez, l'un pour l'autre, m'eft un fûr garant de leur liberté : & fans doute vous étendrez vos bienfaits fur la pauvre Mirza, qui fe fent de même étoffe que les autres filles, & pour qui un mari feroit un vrai cadeau.

B

LE MENUISIER DE BAGDAD,

GUZULBEK.

A la bonne heure : v'là ce qui s'appelle parler, que ne nous défiliez-vous ça tout de suite ? où ce qu'ils sont, ces tendrons, qu'on leux donne la clé des champs ?

MIRZA, *s'adressant à la cantonade, à droite.*

Air : *Charmantes fleurs, &c.*

Jeunes beautés, accourez rendre graces :
Voyez ici vos deux libérateurs :
Tendres galans vont voler sur vos traces :
Hali vous rend maîtresses de vos cœurs.　　　bis.

(*Les femmes du Serrail entrent, & font un profond salut à Hali & à Guzulbek.*)

HALI, *à part à Guzulbek.*

Elles sont jolies, dea!

GUZULBEK, *à part à Hali.*

Hum! la parure fait beaucoup : mais, comme tu dis, pas mal...

SCENE VII.

GUZULBEK, HALI, FATMÉ, FEMMES DU SERRAIL, MIRZA.

FATMÉ, à Hali.

Air: *Philis demande son portrait.*

RIEN n'est égal à la faveur
    Dont vous comblez vos femmes ;
Hali, vous rendez le bonheur
    A moi, comme à ces dames.
Vous savez que la liberté
    Fut toujours chere aux belles :
C'est pour fuir la captivité,
    Que l'amour a des ailes.

Ah ! Seigneur Mohamed, tyrannique amant, n'a jamais pu nous inspirer que de la haine : mais vous, en un moment, vous faites naître en nous un sentiment tout contraire : & nous rendre nos cœurs, c'est vraiment nous les prendre.

GUZULBEK.

Non, Mam'-zelle, il ne vous les prend pas : il n'en a que faire : il en a-t-un qu'en vaut-t-eune douzaine, c'est le mien.

HALI.

Oui, Mesm-zelles ; je suis Bacha ; mais c'est égal : je n'ai point-z-un desir banal. C'est pas que je ne voye à vue de nez, que vous êtes toutes des réfervoirs de charmes ; mais j'ai ma fource ; je n'irai point puifer-z-ailleurs : ainfi gardez vos cœurs, je n'en ufe pas.

MIRZA.

Quand ces dames difent leurs cœurs, c'eft-à-dire, leur reconnoiffance.

GUZULBEK.

Ah ! bon, paffe pour ça ; eh ben, Mefm-zelles, allez à la chaffe aux maris, vous ne manquerez pas de gibier : & dans vos petits ménages, dans ces momens où-ce que vous ferez le plus contentes, penfez à nous, & dites : Ah ! queu plaifir, ah ! queu bonheur ! nous devons tout ça à Monfieur Hali, & à Mame Guzulbek. Là-deffus vous dégoiferez vos patenôtres à not' intention, pour que le Prophète nous foit propice.

FATMÉ.

Madame, nous n'y manquerons pas.

GUZULBEK.

Ben obligé.

SCÈNE VIII.

GUZULBEK, HALI, NOURÉDIN, FEMMES DU SERRAIL, FATMÉ, MIRZA.

NOURÉDIN, *entrant une ferviette fous le bras, & parlant en entrant.*

Quand les Anges du Ciel vienrent à Mahomet
Dire que tout eft prêt au célefte banquet ;
Et que l'on a fervi la devine ambroifie,
Cette annonce, Signeur, fe fait en poéfie.

COMÉDIE.

Pour modèles je prends ces esprits bienheureux :
Je viens vous avertir en vers harmonieux,
Que des mets succulens, fumans sur votre table,
Prodiguent dans les airs un parfum délectable :
Que des potages sains, & des ragoûts piquans,
Des civets bien vineux, des goujons bien croquans,
Des cailles, des levreaux, & de fines poulardes,
Sur leurs dos rissolés portant leurs rimes bardes,
Sont tous cuits bien à point : & qu'ils attendent tous
L'honneur d'être mangés par Madame & par vous.

GUZULBEK.
Allons, l'heume.
HALI.
Et ces Dames ?
NOURÉDIN.
Il y a dans le Serrail un service particulier pour elles.
GUZULBEK.
En ce cas ; mesm-zelles, bon appétit. Après le dîner, promenez-vous dans Bagdad : vous avez chacune vos petits mérites ; ça vous vaudra d'-z-œillades ; après l'-z-œillades, des paroles ; & après les paroles, ce que je vous souhaite de tout mon cœur... Allons, Monsieur le Bacha, ne faisons point-z-attendre nos poulardes... vot' servante, Mesm-zelles.

(*Hali & Guzulbek sortent par le fond : Nourédin les suit.*)

SCENE IX.

FATMÉ, FEMMES DU SERRAIL, MIRZA.

FATMÉ, *aux Femmes du Serrail.*

Air : *Vaudeville du Faux Serment.*

Enfin notre esclavage cesse :
Plus de soucis, plus de tristesse :
Nos cœurs enfin peuvent s'ouvrir
   Au doux plaisir.   *ter.*
Dans ce monde, qui nous ignore,
Jeunes fleurs, nous allons éclore :
Mais prenons bien garde au zéphir.

CHŒUR DES FEMMES.

Mais prenons bien garde au zéphir.

FATMÉ.

C'est un être aimable & volage,
Persuasif dans son langage :
Il promet tout pour obtenir
   Le doux plaisir.   *ter.*
Mais ce prometteur a des ailes ;
Et souvent roses peu cruelles
Ont vu s'envoler le zéphir.   *bis.*

COMÉDIE.

CHŒUR, &c.

UNE FEMME DU SERRAIL.

Eh ! mais, Fatmé, comment donc faire ?
Si l'on se montre trop sévère,
C'est le moyen de faire fuir
  Le doux plaisir.   *ter.*

FATMÉ.

Eh bien, soyons au moins prudentes.

LA FEMME DU SERRAIL.

Sans être pourtant trop méchantes ;
Car il faut tâter du zéphir.   *bis.*

CHŒUR.

Car il faut tâter du zéphir.   *bis.*

MIRZA.

Oh ! oui : il faut toutes en passer par là. Allons Mesdames, courez toutes en faire autant qu'Hali & Guzulbek ; & hâtez-vous de jouir de la liberté qu'on vous accorde.

(*Toutes les Femmes du Serrail sortent gaîment par le fond de la gauche, excepté Fatmé.*)

SCENE X.

FATMÉ, MIRZA.

MIRZA.

Vous ne suivez pas ces dames ?

FATMÉ.

Non : je veux réfléchir un moment sur l'usage que je vais faire de ma liberté.

MIRZA.

Je conçois que cela demande des réflexions ; pourrois-je vous aider dans vos spéculations ?

FATMÉ.

Ah, Mirza ! dès que tu m'a fait connoître les intentions d'Hali, j'ai conçu un projet...... l'approuveras-tu ?

MIRZA.

Pourquoi pas, s'il est raisonnable ?

FATMÉ.

Tu sais que dans le Serrail, la lecture étoit ma seule occupation.

MIRZA.

Si vous avez tout retenu, vous avez une mémoire richement meublée.

FATMÉ.

J'ai sur-tout pris plaisir à lire les voyages, & principalement celui de France. Ah ! Mirza, c'est la que notre sexe triomphe.

Air : *Non, non, Doris, ne pense pas.*

D'Apollon si les Favoris
Jadis avoient connu la France,
C'est là qu'ils auroient de Cypris
Imaginé la résidence.
On eût vu par la vérité
Fondé dans ce pays aimable,
Cet empire que la beauté
Dans Paphos ne dût qu'à la Fable. *bis.*

MIRZA.

Ce pays vous tente, je le vois : vous le préféreriez au Paradis de Mahomet.

FATMÉ.

De beaucoup. Là, belle & déesse sont le même mot : on y prodigue l'encens aux Graces ; & sans nous flatter, toi & moi, nous pourrions bien en avoir quelques grains de tout cet encens-là.

MIRZA.

Vous me mettriez du voyage !

FATMÉ.

Oui, Mirza.

MIRZA.

La proposition est plaisante... Mais à propos, vous n'y pensez pas : vous ne lisez donc pas les gazettes ?

FATMÉ.

Je les lis toutes.

MIRZA.

Eh bien, vous êtes instruite des troubles qui agitent la France : ce n'est pas le moment....

FATMÉ.

Plus que jamais... Quoi de plus beau que l'hommage d'un amant qui par sa valeur obtient sa liberté?

MIRZA.

Oui : mais le myrte ne fleurit qu'à l'ombre de la paix.

FATMÉ.

Cette paix sera bientôt rétablie dans l'Empire des lys : quelques méchants s'y opposent encore ; mais les loups vont laisser les brebis tranquilles ; le berger s'est mis au milieu du troupeau. Voici ce que marquent les papiers les plus nouveaux.

Air : Ce fut par la faute du sort.

Un tyran bouffi de fierté
Rendroit la discorde éternelle ;
Mais un Roi, rempli de bonté,
Va calmer un Peuple fidèle.
Tous les Sujets d'un Roi si doux
Prendront son heureux caractere :
Et bientôt l'on dira d'eux tous :
Les enfans ressemblent au pere   *bis.*

MIRZA.

Eh bien, charmante Fatmé, je suis prête à vous suivre.

FATMÉ.

C'est dit ?

MIRZA.

Je ne vous quitte pas.

COMÉDIE.

FATMÉ.
Puifque j'ai une fi aimable compagne, je n'héfite plus fur ce voyage. Courons nous y préparer.

MIRZA.
Allons, fouëtte poftillon.

(*Elles fortent toutes deux par la droite.*)

SCENE XI.

HALI, *feul, rentrant par le fond.*

MA foi! tout ce monde à nous voir manger, ça m'interloque... ma femme, elle, ça l'amufe: ces efclaves, fte cérimonie, fte vaiffelle, alle fe mire dans tout ça, elle ; & moi ça me donne la brelue... Je n'ai même pas mangé à ma faim ; je me perds, moi, dans ce labyrinte de tricaffe... & puis ce vin d'ici, il a beau être bon, je ne fais pas en le buvant, je penfois à ce pauvre Mohamed ; & m'étoit avis, qu'avec fon vin, je buvois fes larmes... Qu'on eft heureux quand on ne fonge qu'à foi!

SCENE XII.

LE COMMISSIONNAIRE, HALI.

LE COMMISSIONNAIRE, *entrant par la droite, & venant à la gauche.*

Monseigneur, pardon, excuse ! je suis un nouveau débarqué de France.

HALI.
Diable ! y a loin.

LE COMMISSIONNAIRE.
C'est égal ; me v'là. Comme on n'est pas prophète dans son pays, je cherche à vivre ailleurs. Je gagne ici vingt sous par jour, auprès d'un Bacha, dans eune chambre, parmi des scies, des fermoirs, des rabots, des verlopes.

HALI.
Vous êtes le Commissionnaire de Mohamed ?

LE COMMISSIONNAIRE.
Juste.

HALI.
Queu mine qu'il fait ?

LE COMMISSIONNAIRE.
Ah ! il voudroit cacher sa tristesse ; mais alle perce à travers son courage. Moi, qui me connois en chagrin, je dis que cet homme-là n'ira pas loin.

HALI.
Vous croyez...

COMÉDIE.

LE COMMISSIONNAIRE.

J'en suis sûr... Monseigneur, je connois vot' histoire : vous avez été malheureux ; par ainsi vous êtes bon : un mot de votre parole adouciroit le Calife envers mon pauvre Maître... C'est pas lui qui m'envoie ; mais j'ai cru pouvoir venir.

HALI.

Mon ami, je vous remercie de m'avoir cru humain... dans l'instant je pensois à Mohamed... Tenez, voici ma femme : laissez-moi faire.

SCENE XIII.

LE COMMISSIONNAIRE, HALI, GUZULBEK.

GUZULBEK, *rentrant par le fond.*

Pourquoi donc que tu quittes si-tôt la table ?

HALI.

Ah ! nous ne sommes pas habitués à y rester long tems... oh ! je m'y ferai... dis donc ? As-tu renouvellé l'ordre de porter la desserte chez nos pauvres voisins ?

GUZULBEK.

Oui.

HALI.

Tant mieux !... tiens, c'est ce qui me fera le plus chérir l'opulence, le plaisir de la partager ; car nous, ne nous en faut pas.

GUZULBEK.

Sans doute : mais on ne peut pas non plus dîner comme des je ne sais qu'est-ce.

HALI.

C'est juste : c'étoit bon aut's fois, que je n'avions que faire à l'étiquette. Quand l'argent rouloit un peu, nous allions sans gêne sur ces bords de l'Euphrate ; nous mangions ce qui se trouvoit ; nous riions, nous batifoliions : comme t'étois gaie, toi ! Comme t'étois joviale ! t'en souviens-tu ?

GUZULBEK.

Air : *De l'Anglaise à la Reine*.

Nous partions dès le matin :
Propos gais abrégeoient le chemin :
Nous arrivions :
Nous nous asseyions :
La pinte venoit :
L'gob'let s'emplissoit :
Verd feuillage nous ombrageoit :
Doux zéphir nous rafraichissoit :
Dîner simple, mais charmant,
Dont l'appétit faisoit l'assaisonn'ment.
Nous r'venions bras d'ssus, bras d'ssous ;
Dans le p'tit bois nous faisions les fous ;
A la maison,
Le Dieu Cupidon
Couronnoit tout ça
D'un & cétera.

HALI.

C'est ça : comme c'étoit agréyable, pas vrai ?

COMÉDIE.

GUZULBEK.
Oui, mais ce colier de misere qu'il falloit reprendre le lendemain.

HALI.
Femme, le travail donnoit plus de prix au p'aisir.

GUZULBEK.
Oui, mais cet argent qu'avoit tant de peine à venir.

HALI.
Ah! v'là le hic..... sans ça not' sort auroit dégoté un tiône... & ça, sans tout ce fracas qu'il y a ici.

GUZULBEK, à part.
Il n'est pas né pour la grandeur... ça n'a pas, ça n'a pas le goût relevé.

HALI, à part au Commissionnaire.
Je crois que je l'amenerai à jubé.

GUZULBEK.
A propos d'ici, l'heume, ce Calife qui nous met sur le pinaque, faut y aller dire que je lui sommes ben obligés.

HALI.
Je le veux ben, femme; donnons un coup de pié à la Cour.... allons y prendre la place de Mohamed..... Le pauvre cher homme! il doit mourir de chagrin.

LE COMMISSIONNAIRE, à demi-voix.
Ah!

HALI, à part au Commissionnaire.
Tâtons-là un peu.

GUZULBEK.
Je conviens qu'il est à plaindre.

LE COMMISSIONNAIRE, *à demi-voix.*
Oh! sûrement.

GUZULBEK, *à part.*
V'la les coups de canne qui s'oublient.

HALI.
Si je parlions un peu en sa faveur : il a ben des torts envers nous, c'est vrai ; mais il est beau de rendre le bien pour le mal.

LE COMMISSIONNAIRE.
Monsieur, Madame, ça vous fera honneur : par-tout on parlera de votre bonté...

(*Guzulbek regarde le Commissionnaire avec l'air de demander qui il est.*)

HALI.
C'est le Commissionnaire de Mohamed.

GUZULBEK.
Ah, ah!... mon ami, vous venez donc demander not' protection.

LE COMMISSIONNAIRE.
Et je gagerois que je n'ai pas perdu mes pas.

GUZULBEK.
Monsieur le Bacha, un caillou-z-& moi, ça fait deux, vous le savez ; d'ailleurs ne n'est point-z-à moi à être rancuneuse ; c'est pas moi qu'ai reçu les coups... On parlera pour vot' Mohamed.

HALI.
Ah! ma femme, queu bonheur pour moi de te voir un cœur de l'acabit du mien ! Courons au Calife... quiens... j'ai conçu un projet... je suis sûr que t'y consentiras... (*au Commissionnaire.*) Mon ami, attendez-nous ici ; nous revenons dans l'instant.... Viens, femme, viens prouver à la Cour, que les gens du peuple sont bons ; qu'on a

tort

COMÉDIE.

tort de leur faire du mal, puisqu'ils ont du plaisir à le pardonner.

SCENE XIV.

LE COMMISSIONNAIRE, *seul.*

Que j'ai ben fait de venir ! il ne m'auroit jamais envoyé, lui, Mohamed : dans ces cœurs-là il reste toujours un peu de fierté... Ah ! ah ! v'là encore de belles dames.

SCENE XV.

LE COMMISSIONNAIRE, FATMÉ, MIRZA, *rentrant toutes deux par la droite.*

FATMÉ, *un écrin à la main.*

Que je me sais bon gré de la résolution que je viens de prendre ! Elle attirera les bénédictions du Prophète sur notre voyage en France.

LE COMMISSIONNAIRE, *à part.*
En France !

MIRZA.
Et comptez pour beaucoup le plaisir d'obliger un malheureux.

LE COMMISSIONNAIRE.
Ces dames ne disent-elles pas qu'elles vont en France ?

C

FATMÉ.
Oui, mon ami.
LE COMMISSIONNAIRE.
J'en arrive, moi; & fi je trouvois queuque bonne occafion, j'y retournerois tout-à-l'heure.
MIRZA.
Mais il pourroit nous être utile.
FATMÉ.
La propofition eft recevable... y étiez-vous, en France, à l'inftant où la liberté a triomphée ?
LE COMMISSIONNAIRE.
Oui, Madame : Oh! c'eft eune fiere hiftoire, allez, celle-là.

Air : *C'eft la petite Thérèfe.*

> Tout alloit comme j'te pouffe :
> Le gros mangeoit le petit :
> V'là-t-y pas qu'une fecouffe
> Met un frein z-à c't appétit.
> L'petit fe met dans la tête,
> Qu' les chos's n'allioit pas d'travers :
> L'petit qui n'eft pas fi bête,
> Vous r'tourne l'monde à l'envers.

FATMÉ.
Le peuple eft le faifceau de la Fable : les branches féparées fe brifent aifément ; mais réunies, elles ont une force invincible.

LE COMMISSIONNAIRE.

> Y en a qui font la grimace :
> Mais bentôt tout ça s'féch'ra ;

COMÉDIE.

    Bentôt tretous d'bonne grace
F'ront tout c'que faire y faudra.
P'tits Marquis sans sufisance,
Gros Barons pas du tout fiers,
Receveurs sans opulence,
F'ront voir le monde à l'envers.

    L'*sit nomen* avoit la pomme
Su' l'talent qu'on méprisoit :
L'sot ach'toit l'droit d'juger l'homme :
Le plaideur le remboursoit.
L'Etat va payer d'sa poche
Des Jug's pus savans qu' des Clercs,
A qui l'on n'f'ra pas le r'proche
D'rend'r la Justice à l'envers.

MIRZA.

Pour être Cadi, il faudra donc autre chose qu'une robe.

LE COMMISSIONNAIRE.

    Mais on auroit eu beau faire :
Pour que tout n'aill' pas de guinguoi :
Falloit queuqu'-z-un qui préfère
Le nom d'Pere à celui d'Roi.
Pour payer c'doux sacrifice,
Faudroit l'trône d' l'Univers :
J'somm's tout préts, pour son service,
A nous mett' l'ame à l'envers.

FATMÉ.

J'ai plus que jamais l'envie de voir ce charmant pays ; mais auparavant , Mirza , allons offrir à Mohamed les cadeaux que m'a faits son opulence.

LE COMMISSIONNAIRE.

Je suis son Commissionnaire.

FATMÉ.

Cela se trouve on ne peut mieux ; vous allez nous y conduire.

LE COMMISSIONNAIRE.

Un moment : j'attends ici Hali & Guzulbek, qui sont allés prier le Calife en faveur de mon pauvre maître.

FATMÉ.

Ah! les bonnes gens!...Si le Calife vouloit seulement changer la triste situation de Mohamed en une retraite paisible à la campagne, ce Bacha ne perdroit rien s'il est devenu sage.

Air : *On compteroit les Diamans.*

On ne pense plus aux lambris,
Quand on regarde la verdure :
Et les miroirs n'ont plus de prix,
Quand on se voit dans l'onde pure.
L'or ne cause plus de regret,
Quand on cueille jeune fleurette :
On ne songe plus au duvet,
Quand on est assis sur l'herbette.

MIRZA.

C'est là qu'il apprendroit à connoître les gens de la campagne ; il verroit qu'on a tort de ne pas les rendre plus heureux : que les Bachas ne devroient pas tout prendre au village, pour donner tout à la ville. On sait bien qu'il faut que les

COMÉDIE.

jolis talens de Bagdad vivent ; mais

Air : Nous sommes Précepteurs d'amour.

Faites leur la meilleure part,
Mais songez à l'agriculture ;
Que tout l'or ne soit pas pour l'art,
Et gardez-en pour la nature.

FATME.

Ma chère, attendons aussi le retour d'Hali & de Guzulbek.

LE COMMISSIONNAIRE.

Et tenez, vous n'attendrez pas long-tems : les v'là.

SCÈNE XVI & derniere.

COMMISSIONNAIRE, HALI, GUZULBEK, FATME, MIRZA.

(Hali & Guzulbek rentrent par le fond : Hali tient en main une patente.)

HALI.

V'LA Mohamed rendu au bonheur.

GUZULBEK.

Nous v'là débarrassés ; mais le bien qu'on fait, vaut mieux que celui qu'on a.

LE COMMISSIONNAIRE.

A présent que je fais mon maître heureux, Mesdames, je vais gaîment vous suivre en France.

HALI, *lifant la patente.*

« J'oublie tout : que Mohamed remonte à son
» rang ; qu'il soit reconnoiffant envers Hali &
» Guzulbek ; il leur doit tout. »

GUZULBEK.

Oh ! tout, nous ne lui demanderons pas ; ça
ferait trop : rien, c'est pas-t-affez : queuque chofe,
c'est ce qu'il faut ; & il le peut : il a déjà ben de
la dépenfe de moins ; v'là toutes ces Dames à
qui j'avons ouvert la cage. En confcience, qu'est
qu'il faifoit de tout ça ; c'est pas qu'on veuille
rabaiffer fon mérite ; mais tenez, en dépit de la
coutume d'Afie...

Air : *De la Baronne.*

Dans la volière,
Quand chaqu' ferine a fon ferin,
Alors les œufs ne manquent guère :
Mais rien n'vient, quand il n'y a qu'un s'rin
Dans la volière.

FATMÉ.

Nous avons donc toujours notre liberté ?

GUZULBEK.

Sans contredit.

HALI.

Ah ! ça, femme, faut demander à Mohamed
un petit bien-être honnête, avec une petite mai-
fon à la campagne.

GUZULBEK.

Ah, charmant ! j'ai toujours-t-évu-z-un cœur
champêtre ; les bocages, les ruiffeaux, les prairies,
les colines, les montagnes, tout ça m'a toujours
donné dans l'œil.

COMÉDIE.

HALI.
Allons tous porter cette bonne nouvelle à Mohamed, & nous l'inviterons à venir souvent nous voir dans ste petite maison que j'allons li demander : je l'y recevrons si ben, qu'il verra que les petits n'ont jamais cessé d'estimer la Noblesse ; & qu'on n'en veut qu'à l'arrogance & à la dureté.

MIRZA.
Et sans ces vices-là tout seroit toujours paisible.

Air : Trop de pétulance gâte tout.

Il faudroit être tous des frères
Unis par la simplicité ;
Vivre tous en amis sincères,
Sans étiquette & sans fierté.
Bachas, ayez douces manières :
Dans vos regards moins de dédain :
Vous n'entendrez jamais le tocsin.   *bis.*

LE COMMISSIONNAIRE.

C'est juste qu'chacun ait sa place :
Il n's'agit pas d'brouiller les rangs :
Mais, sans faire aux p'tits la grimace
On peut s'asseoir parmi les grands.
Noble qui sourit avec grace,
Du pauvre adoucit le chagrin :
Et v'là c'qui fait taire le tocsin.   *bis.*

FATMÉ.

Mais, tous ces rangs-là disparoissent
Dans l'ame du meilleur des Rois,

Dont les douces bontés careffent
Pauvres & riches à la fois.
Autour de lui nos cœurs s'empreffent :
Pour fervir ce bon Souverain,
C'eft l'amour qui fonne le tocfin. *bis.*

H A L I.

Les Laboureurs travaill'nt nos terres :
Le blé vient : ça les rend contents :
Ils gardent l'meilleur pour leux frères :
N'faut prefque rien aux payfans.
V'la-t-y pis qu'il vient des corfaires,
Qui vous manigançont not' grain :
V'là c'qui met en branle le tocfin. *bis.*

GUZULBEK.

Si l'tems préfent nous fait d'la peine,
Ma foi ! l'paffé n'valoit guer's mieux ;
On voit fur la tragique fcène
C'maffacre de nos bons Ayeux.
Et ben, fortant d'chez Melpomène,
Meffieurs, v'nez chez nous un p'tit brin :
Ça vous confolera du tocfin. *bis.*

F I N.

De l'Imprimerie de CAILLEAU, rue
Galande, N°. 64.

www.ingramcontent.com/pod-product-compliance
Lightning Source LLC
Chambersburg PA
CBHW060504050426
42451CB00009B/806